Nicole Lazzarini • Illustrations de Jean-Noël Rochut

Légendes et contes des CHÂTEAUX DE LA LOIRE

Editions OUEST-FRANCE

SARTHE
MAYENNE
ANGERS
LOIR
VILLANDRY
SERRANT
Angers
MAINE
LANGEAIS
SAUMUR
Serrant
LOIRE
Langeais
Villandry
MONTSOREAU
Azay
USSÉ
Saumur
Ussé
Montsoreau
Chinon
AZAY-LE-RI
VIENNE
Brézé
CHINON
Le Rivau
BRÉZÉ
LE RIVAU

Château de Serrant

La prophétie de Jeanne

Drapé dans son élégant manteau de schiste gris et de tuffeau ivoire, ceinturé de douves aux eaux miroitantes, ce somptueux château princier, aux tours d'angle couronnées de dômes ardoisés, a fière allure au côté du clos de la Coulée-de-Serrant. Un bien savoureux voisin, prodigue pourvoyeur d'un prestigieux et plaisant vin blanc.

Les murs de cet imposant bâtiment n'ont pas manqué d'accueillir des hôtes illustres parmi lesquels Louis XIV, Napoléon ou la duchesse de Berry.

Le lieu, au cours de son histoire, riche et parfois tragique, a compté maints propriétaires dont le fameux duc de la Trémoille, auquel il échut par alliance en 1830. Ses descendants menaient dans ce cadre privilégié une existence sereine et féconde, à l'écart des dangers d'un monde cruel.

Or le 9 décembre 1933, coup de tonnerre ! Les habitants du château effarés et affolés apprennent une consternante nouvelle. Le jeune duc, dernier du nom, vient de périr dans un incendie, en Angleterre.

SULLY
Orléans
LOIRE
CHAMBORD
Sully
BLOIS
COSSON
Blois
Chambord
BEUVRON
CHAUMONT
CISSE
AMBOISE
Cheverny
SAULDRE
Chaumont
Amboise
Le clos Lucé
LE CLOS-LUCÉ
CHEVERNY
Chenonceaux
CHER
CHENONCEAU
Montrésor
MONTRÉSOR
INDROIS
N
O
S

On s'émeut, on frémit, on pleure.

On se lamente, on se révolte puis soudain on se souvient.

Les langues se délient, on reparle de la fameuse prophétie prononcée, que dis-je, proclamée il y a bien longtemps déjà mais que personne n'a jamais oubliée car transmise de génération en génération avec une certaine appréhension.

Georges de la Trémoille, lointain ancêtre du jeune homme, était un favori du roi Charles VII. Non seulement il avait abandonné Jeanne d'Arc aux mains des Anglais mais il avait également déconseillé à son souverain de payer la rançon exigée par l'ennemi pour la libération de la bergère de Domrémy, capturée devant Compiègne.

La légende rapporte que Jeanne, ainsi trahie, avait prédit que la lignée de ce traître connaîtrait le même sort funeste qu'elle et s'éteindrait dans les flammes.

Cinq siècles plus tard, la famille de la Trémoille, l'une des maisons les plus prestigieuses de France, tombait *en quenouille,* selon l'expression consacrée, se voyant condamnée à disparaître en même temps que ce jeune homme, faute de postérité, faute d'héritier mâle.

Cette extinction fut l'impitoyable sanction encourue pour l'ignoble faute commise par un aïeul peu visionnaire, un brin sectaire, un demi-millénaire auparavant.

Château d'Angers

La vengeance de Foulques Nerra

Cette forteresse a été bâtie par Foulques Nerra sur l'emplacement qu'occupait la demeure des évêques d'Angers du VIe au IXe siècle.

— Quel nom étrange pour un seigneur de ce paisible et riant val de Loire !

— En fait il s'agit plutôt d'un surnom « le faucon noir » donné à ce terrible personnage en raison de son teint sombre, ses yeux foncés, son regard perçant qui a placé sa vie sous le signe de la vanité, de la violence et de la vilenie.

— Ne dit-on pas que cet impétueux, cet impulsif, cet impassible n'hésita pas à faire brûler sa première épouse sur la place publique, la soupçonnant d'infamie, d'adultère ?
Puis s'apercevant qu'il avait commis une erreur, qu'il se rendit à Jérusalem pour obtenir le pardon de son pitoyable péché à force de prières, de pénitences et autres privations.
— Selon la légende, il aurait précipité sa femme dans le vide du haut des remparts.
— Ce n'est pas la réalité ? demande un des visiteurs, interloqué.
— Pas exactement. En fait, Elisabeth de Vendôme, avec qui il avait convolé en justes noces, héritière du fameux et fidèle favori d'Hugues Capet, Bouchard, avait donné le jour à une petite Adèle... La naissance d'une fille n'était pas facile à accepter pour un guerrier de sa trempe. Vous imaginez... Quelle déception, quelle humiliation... Une malédiction !
— L'homme n'est-il pas un peu excessif ?
— Il se devait d'engendrer un fils, un mâle, un successeur quoi !
— Et blessé dans son orgueil, il décide de se venger ?
— En quelque sorte. Il imagina que cette enfant était le fruit d'une trahison. La chose s'explique facilement car il était très fréquemment parti guerroyer au loin. Alors il rumina, rugit, rusa.
— Quelle mauvaise foi ! s'exclame un promeneur.

— Oui parce que peu à peu le soupçon le rongea et bientôt il se convainquit qu'il avait été effectivement trompé par la pauvre Elisabeth. Et décida donc d'une détestable sanction.
— Laquelle ?
— La mort ! Et pour être sûr de parvenir à ses fins, Foulques désigna lui-même les juges. Le tribunal serait donc obligatoirement complaisant. L'accusée tenta bien de se disculper de toutes ses forces pourtant ses chances d'échapper à son funeste destin étaient si minces... Le verdict tomba, terrible, terrifiant.
— Personne n'a essayé de plaider en sa faveur, de s'interposer ?
— Le peuple horrifié pria pour l'âme de sa princesse qu'il chérissait tant mais sans oser broncher.
— La méthode est pour le moins expéditive ! Quel personnage cruel !
— Ne manifeste-t-il pas ensuite le moindre remords ?
— Si, bien évidemment et cela d'autant plus qu'un incendie a ravagé la ville quelques jours après le meurtre. Les habitants hurlèrent hardiment en chœur « C'est le châtiment du Ciel ! » et scandèrent alors son nom comme on crie celui d'un coupable. Il éprouva – raconte-t-on – une peur panique de la punition des enfers. Il partit promptement en pèlerinage sur le tombeau du Christ et combla le clergé de bienfaits. Puis à son retour, il fonda de nouveaux sanctuaires avant de reprendre derechef ses méfaits...

— Est-il finalement devenu davantage tolérant ?
— Non, il a gardé son caractère belliqueux mais la crainte de l'au-delà, son désir de salut éternel l'amenaient régulièrement à se repentir. Et toute son existence a balancé entre brutalité et piété, férocité et générosité.

On rapporte par exemple que d'une gifle il arracha un œil à un soldat fait prisonnier à Saumur et qu'il aurait détaché un fragment de pierre du Saint-Sépulcre rien qu'avec ses dents !
— Quel bonhomme extravagant ! conclut un jeune homme plutôt perplexe en tournant les talons pour suivre le guide et partir à la découverte des mystères et des richesses de ce remarquable château.

Château de Saumur

Le bon roi René

La longue existence du roi René semble pavée de bonhomie et de bonnes intentions, de bonnes inventions aussi. Ami des peintres et des poètes, artiste d'un goût très sûr également, amateur averti de bonne chère et de bons mots, de plantes rares, de bêtes fauves et de beaux livres qu'il collectionnait sans retenue, ce seigneur de grande lignée aimait les jeux, les joutes, les jongleries. Attentif à l'architecture et à l'apparence de son château, le roi René a tenu à lui attribuer altière et aérienne allure en veillant à la rénovation des toits et des tours, ce qui conféra un air de merveille à ce chastel assis sur le bord de la Loire. Cet héritier chanceux d'un chapelet de royaumes, de duchés et de titres – duché de Bar, marquisat de Pont-à-Mousson, duché d'Anjou, comté de Provence, royaume de Sicile, d'Aragon et de Jérusalem –, pétri de récits et de rêves chevaleresques, est très tôt décrit par les chroniqueurs de son temps comme un souverain débonnaire, dispensant sans compter de nombreux bienfaits à son peuple.

La légende est dès lors ensemencée et elle ne fera que croître au fil des ans. C'est ainsi qu'on lui attribue la fondation d'une république de l'Ile d'Or regroupant marins et pêcheurs dont il confie la présidence à un brave homme

nommé Pharouelle qu'il a lui-même sauvé de la noyade. Une action d'éclat, un Etat et une victime dont on n'a jamais retrouvé les traces !
Le XIXe siècle épris d'histoire médiévale et notamment de gothique troubadour a amplement conforté ce mécène polyglotte et philosophe à la personnalité complexe dans son inébranlable statut de modèle de monarque idéal en enjolivant les actes de sa vie quotidienne de prince soucieux du bien-être de ses sujets…
Sa résidence ligérienne de Saumur bénéficia du même engouement et fut promue en palais parfait, abondamment représenté dans moult recueils d'enluminures.

Château de Montsoreau

La dame de Montsoreau

A mi-chemin entre Tours et Angers, dominant le fleuve royal, le charmant village de Montsoreau rime avec tuffeau et coteau.
Arraché à la pierre et aux carrières sur l'arrière, il dégage une atmosphère particulière de mystère. Que se passe-t-il derrière ces fenêtres, ces portes, ces escaliers découpés à même la falaise, hantés autrefois par pêcheurs, paysans et perreyeurs ?
Quel secret cache encore ce monde souterrain ?
Et ce château, perché sur son éperon rocheux, qui a la Loire pour écrin, la Loire pour jardin, la Loire pour bassin, conserve-t-il, muselées dans le mutisme de ses murailles, les aventures de ses hôtes passés ?
Résidence Renaissance de plaisance côté cour, forteresse médiévale côté port, la place connaît aujourd'hui un sort de gloire grâce aux déboires notoires de l'une d'entre elles, immortalisée par Alexandre Dumas.

Qui ne frémit à l'évocation de la tragédie vécue par la dame de Monsoreau ?
Chacun a gardé au tréfonds de sa mémoire le souvenir d'une femme pathétique, d'un personnage énigmatique, d'une héroïne au destin tragique, mêlée à de sombres intrigues, complice d'un assassinat sordide, victime de vengeances démoniaques…
En tout visiteur de ce site somptueux sommeille un lecteur – ou du moins un amateur – d'histoires palpitantes de cœur, de complots et de crimes, fortement fasciné par le fantôme de Diane de Méridor, qu'il espère croiser au fond d'un corridor désert ou dans le merveilleux décor d'une salle d'apparat.
Mais soudain le doute le saisit. Cette fameuse dame a-t-elle vraiment existé ?
Il se tourne alors vers la guide pour étancher sa curiosité.
— Oui bien sûr. Cette belle aristocrate, déjà veuve à vingt printemps, a épousé Charles IV de Chambes, propriétaire du château en 1575.
— Contrainte à convoler, nous dit le livre…

— C'est à cet instant que commence le récit légendaire, l'interprétation de Dumas qui a voulu piquer de péripéties pétillantes le quotidien de son personnage.
— Et son mari était-il aussi jaloux que le dessine Dumas ?
— Oui, et surtout il était très épris de Françoise. Sa passion l'a aveuglé. Remarquez en outre que l'écrivain a baptisé notre dame d'un prénom mythologique – Diane – et a également métamorphosé son patronyme en jetant le « t » aux oubliettes !
— Ce sont des détails qui ne portent pas à conséquence. Par contre, le comte apparaît sous des traits peu flatteurs ! s'exclame le visiteur.
— Alexandre Dumas a outré les caractères de ses protagonistes. Il a aussi pris quelques libertés à l'égard des vérités historiques. Il a délibérément fait passer le comte pour un personnage brutal, odieux, méchant, cristallisant tous les défauts de l'humanité et son épouse pour un laideron, une peste, une inconstante, évidemment de mèche avec lui afin d'ourdir une terrible trahison, le meurtre de Bussy. Et notre auteur a brossé ce sinistre tableau, amputant la chronologie des faits de plusieurs années. Ce qui fausse tout de même la vision des choses. Et celle-ci n'a pas rencontré Louis d'Amboise, gouverneur d'Anjou à Paris mais au château de la Coutancière, près de Saumur, où elle aimait séjourner, notamment en été et durant l'absence de son mari, souvent parti guerroyer.
— En revanche, si le comte de Monsoreau est paré de toutes les laideurs, toutes les noirceurs, toutes les horreurs, de Bussy est gratifié de mille qualités dont courage, grâce et vertu que contesteraient ses contemporains condamnés à payer l'impôt sans délai ni autre forme d'indulgence.
— Ce qui explique probablement le penchant pour son présumé galant de la part de notre chère comtesse et les mésaventures qui s'ensuivirent. Après tout, si le beau sire ne s'était pas vanté de son succès auprès d'elle...
— Certes, le comte de Monsoreau en a pris ombrage et a décidé de lui tendre un piège pour le faire trucider avec la complicité de son épouse.

— Encore que celle-ci ne semble pas avoir été au courant de ses mauvaises intentions ! Elle a accepté de lui écrire un courrier et de lui donner rendez-vous à Brain-sur-Allonnes, dans ce castel détruit depuis, sans soupçonner le moins du monde la machination machiavélique de son mari. Là dix hommes l'attendaient qui se précipitèrent sur lui pour le supprimer.

— Pourtant, malgré le drame ils vécurent heureux et eurent beaucoup d'enfants…
Le promeneur repart alors admirer des remparts le paisible panorama embrassant du regard l'Anjou, le Poitou et la Touraine.

Château de Brézé

Le sanglier de l'Anjou

Il est en Anjou un château insolite, troglodyte.
Troué, traversé, truffé de cavités.
A l'origine creusé dans le tuffeau, il s'est vu souvent consolidé, transformé, fortifié au cours des siècles.
Dans ce laborieux lacis de labyrinthes, il faudrait dérouler un fil d'Ariane pour ne pas se perdre.
C'est au cœur de ce lieu ô combien mystérieux que fut baptisé Urbain de Maillé-Brézé, en l'an de grâce 1598.
L'enfant appartient à cette antique noblesse de chevalerie dont les ancêtres se sont illustrés lors des croisades.
Le jeune marquis épousera Nicole du Plessis-Richelieu, sœur cadette du cardinal.
Il connaît ensuite une brillante carrière, une réussite sans faille, les honneurs les plus insignes.
Il amasse décorations et titres honorifiques. On lui reconnaît d'immenses qualités de fidélité, de témérité, d'ingéniosité, même si on lui reproche parfois une certaine impulsivité... et de mener un train de vie princier !
Entouré d'une escouade de domestiques, il compte pour son service privé non seulement un écuyer, un procureur fiscal, un secrétaire ordinaire mais également un chirurgien qui lui est personnellement attaché, un maître d'hôtel entièrement dévoué et bien d'autres

personnes particulièrement pressées de satisfaire ses moindres volontés.
Le marquis devenu maréchal de France, puis diplomate, gouverneur, haut personnage de l'Etat que le roi reçoit, dispose d'un hôtel particulier à Paris. Il est de surcroît considéré comme tout-puissant en Anjou.
Mais Urbain de Maillé-Brézé est un personnage original, déconcertant et parfois ombrageux.
A la mort du cardinal de Richelieu, il tombe en disgrâce et son caractère se renfrogne. Veneur impénitent, il tente d'oublier ses déceptions – la disparition de son fils et les déboires conjugaux de sa fille – en organisant de démentielles parties de chasse.
Ains au fil du temps, tel un animal traqué, il se sent dépossédé par les paysans et les pauvres habitants de la contrée. Il entame alors de sinistres campagnes de dénigrement à l'encontre des seigneurs du voisinage. Son attitude agressive lui vaut mille inimitiés car ses gardes brutalisent les manants, abattant leurs chiens et brisant leurs armes.
Une hostilité unanime s'exprime contre cet homme sournois qui ne manifeste aucune pitié. Dès lors une légende noire naît autour de tous ses faits et gestes. On le soupçonne de fabriquer de la fausse monnaie au fin fond des insondables souterrains du château, oubliant qu'il avait obtenu le privilège, rare, de battre des pièces.
La jalousie et l'envie sont souvent nuisibles conseillères.
On chuchote que les livres tournois sont de mauvais aloi. On murmure que le conseiller est ruiné à force de dépenses outrées et qu'il s'est retiré dans ses caves pour échapper à ses créanciers. On colporte qu'il s'est emparé d'un véritable trésor entreposé à Saumur.

On commente abondamment cette phrase qu'il a fait graver au-dessus de la porte d'entrée du château :
« Dans ce lieu de repos, on ne veut point de bruit,
Et nul n'y doit entrer qu'invité ou conduit. »
Bref, on dit pis que pendre de ce solitaire blessé qui ne mérite certainement pas un tel opprobre et qu'on surnomme « le sanglier de l'Anjou ».

Château de Chinon

La Marie-Javelle

rapée dans sa dignité dédaigneuse, cette forteresse farouchement fichée sur son éperon rocheux domine la Vienne. Dans un des trois châteaux séparés par de profonds fossés taillés à même la pierre qui la composent se dresse la tour de l'Horloge.
Depuis le XIVe siècle, vigilante, elle garde l'entrée de la partie centrale de ce site de sa silhouette singulière. Une tour curieuse, au contour colonne, plate... Mais intacte !
Elle semble avoir résisté par miracle aux outrages du temps, aux assauts de ses ennemis, aux complots des puissants.
Est-ce par hasard qu'elle a échappé aux malheurs des guerres de religion, de la Révolution et de l'Empire ? Que nenni !
La légende nous livre une bien surprenante version de ce prodige. Sa conservation en si bon état serait le fruit d'une superstition, d'une malédiction en fait dont voici l'explication.
La tour était surmontée d'un lanternon abritant une cloche, sur laquelle figurait en relief cette terrifiante inscription :
« Marie-Javelle je m'appelle
Celui qui m'a mis m'a bien mis
Celui qui m'ôtera
S'en repentira. »

Elle fut probablement épargnée par peur des représailles.
Baptisée peut-être du nom d'une habitante du coteau voisin ou plus vraisemblablement du patronyme d'un gouverneur de ce beffroi, la Marie-Javelle fondue en 1399 par un anonyme, en un étrange mélange de bronze et d'argent, rythma l'existence des Chinonais. Elle scandait aussi, d'un son cristallin, les événements majeurs de la vie de la cité.
Elle sonna, dit-on, pour l'arrivée de Jeanne d'Arc, le 8 mars 1429.
De nos jours elle continue fidèlement à marquer au quotidien les heures et à carillonner lors des grandes occasions, actionnée alors par la main de l'homme. Mais la croyance populaire n'affirme-t-elle pas que les cloches protègent des orages et de toutes les foudres ?
S'en repentira. »

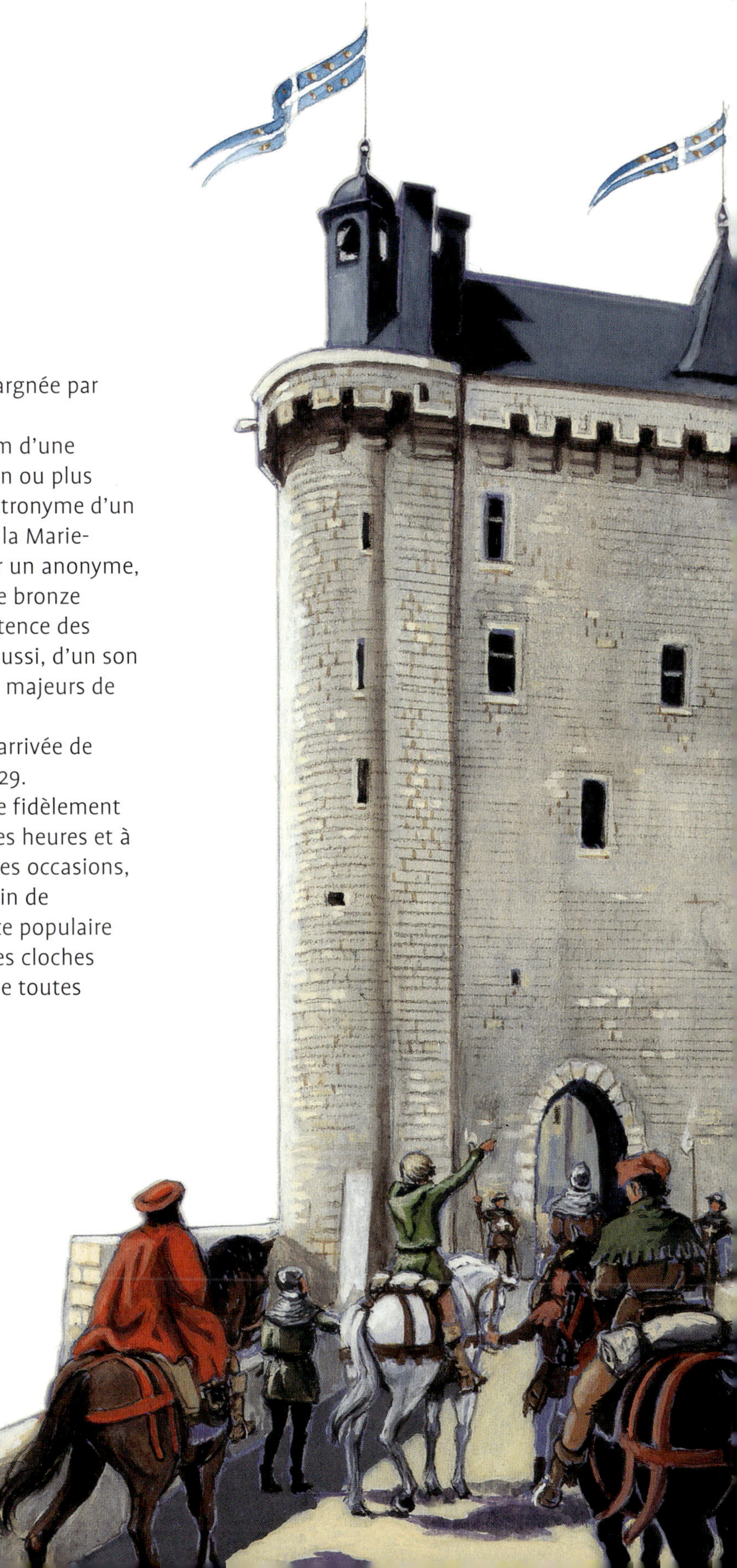

Château du Rivau

Un jardin de contes de fées

Il est au château du Rivau un jardin extraordinaire où il fait bon flâner, folâtrer et fureter car on est sûr d'y rencontrer des amis formidables, fort aimables comme l'adorable Alice échappée du pays des merveilles pour métamorphoser le moindre massif fleuri en un stupéfiant carré magique unique ou en un étonnant labyrinthe mystérieux.
Mais on y croise aussi quelquefois des personnages particulièrement menaçants.
Brrr ! Des géants effrayants, des ogres affamés avec un appétit de Gargantua, impossibles à rassasier avec les seuls légumes du potager... ou les fruits frais du verger.
Pourquoi ne pas enfiler alors des bottes de sept lieues pour emboîter le pas au petit Poucet ou à des lutins coquins qu'on croirait tout droit sortis de livres de contes et légendes illustrés !
Quel plaisir de déambuler par les allées enchantées menant vers des parterres de plantes prodigieuses, prêtes à déployer tous leurs artifices – telles les lavandes séductrices par leur élégance et leur fragrance – à user de tous les maléfices, de leurs pouvoirs secrets et des sortilèges des sorcières pour

attirer l'innocent promeneur occupé à admirer toutes les délices cultivées dans ce petit paradis.

De radieuses et rieuses visiteuses profitent de l'absence de leurs parents partis se restaurer à la table des fées pour se lancer sur la trace d'une de leurs héroïnes favorites blotties parmi les tapis de broderies.

« Regardez là-bas ! Quel animal gigantesque a abandonné ce pot de fleurs immense ?

— Peut-être un diplodocus ! répond effrontément un gamin turbulent.

— Si vous croisez la princesse Raiponce, surtout demandez-lui de...

— Impossible, elle se morfond sous les plafonds ronds de sa tour d'ivoire.

— Ce n'est pas vrai, une gentille magicienne lui a donné la clé de l'énigme et...

— Mais de toute façon, une clé ne pouvait résoudre son problème. Il aurait d'abord fallu que le mur comporte une porte !

— Je ne crois pas. Il y a forcément sortie ! Attendez-moi, je interroger le guide ! »

Château d'Azay-le-Rideau

La salamandre pour emblème

Choisir la salamandre pour emblème, quelle idée bizarre ! diront certains. La salamandre n'est somme toute qu'une sorte de crapaud à queue, un lézard tacheté. Pourquoi bigre le roi François Ier, ce colosse cultivé et charismatique, a-t-il choisi pour imprimer sa souveraine marque ce batracien figurant déjà sur les armes familiales ? Bien que représenté dressé et associé à sa devise « J'y vis et je l'éteins » par le vainqueur de Marignan, il n'en demeure pas moins que l'animal ne possède pas la noblesse du cerf, le courage du lion, la force de l'ours.

D'autres souligneront qu'il s'agit d'une bestiole venimeuse. Certes elle ne dispose pas d'organe propre à inoculer son venin, cependant sa peau nue – sans le moindre poil, sans la plus minuscule plume, sans même une écaille – est gluante d'un mucus pas tout à fait inoffensif, pour l'imprudent ou l'ignorant qui la touche.

Pourtant il faut reconnaître qu'elle n'est pas sans attrait. En effet, l'œil est séduit par le graphisme étonnant de son dos noir, maculé, marbré, marqueté de taches d'un superbe jaune d'or. Un contraste qui ne manque pas d'avertir le promeneur ou le prédateur.

L'avertissement est dissuasif. La petite bête a enfilé cette panoplie pour prévenir le prédateur de la présence d'un poison. Elle n'est pas démoniaque, seulement gardienne de feu ou de trésor.

« Attention à toi qui m'approches, cet effet optique, ce code de couleur jouant sur l'alignement de bandes morcelées, pointillées noires et jaunes signale une animosité, une dangerosité certaine.
Passant éloigne-toi car comme pour la guêpe ou le tigre, ce corsage strié affiche franchement un caractère agressif, voire belliqueux... »
Seul le pacifique et sympathique Marsupilami échappe à cette symbolique !
On comprend alors pourquoi ce dragon miniature est à l'origine de tant de légendes depuis la nuit des temps.
En outre, comme il hiberne durant plusieurs mois à l'abri d'une souche, sous un tas de feuilles mortes ou au creux d'une fissure, l'imaginaire populaire l'a soupçonné de mille méfaits, affublé de mille pouvoirs puisqu'il ressuscite dès que la température remonte et que ses membres amputés se régénèrent rapidement et intégralement.
Tombé dans un puits, il empoisonne l'eau. Grimpé au sommet d'un arbre, il en intoxique les fruits. Sa morsure rend les hommes chauves...

Sa longévité époustouflante et sa relation avec le feu – il ne craint pas de traverser les brasiers les plus brûlants – ont laissé présager qu'il habite dans les flammes et ne meurt que lorsque celles qui l'ont vu naître s'éteignent.
Nos aïeux soutenaient fermement que pendue à la crémaillère, la salamandre permettait de rôtir tout ce qu'ils posaient devant la cheminée et que, placée dans l'obscurité, elle éclairait une pièce de ses seuls yeux brillants.
Ils n'oubliaient pas cependant – et y croyaient dur comme fer – que son regard était capable de tuer et qu'ils gagneraient cent jours de purgatoire s'ils l'éliminaient purement et simplement.
François Ier n'a pas manqué de se placer sous la protection de cette fameuse salamandre que l'on peut admirer sculptée dans la pierre sous une fenêtre du premier étage ou peinte sur la cheminée monumentale de la grande salle où étaient donnés autrefois de prestigieux bals et festins au cœur de ce magnifique château de la Renaissance, posé sur une île tel un ravissant camée se mirant dans les eaux de l'Indre.

Château d'Ussé

La belle au bois dormant

Charles Perrault, taquiné par les muses, songeait déjà à l'écriture d'un nouveau conte. Il souhaitait évoquer l'histoire d'une gracieuse princesse endormie cent ans durant et qui serait réveillée par un prince charmant.
Il se plaisait à imaginer le début de son récit :
« Il était une fois un roi et une reine fort tristes de ne point posséder de progéniture. C'est pourquoi sources, fontaines et chapelles les voyaient s'incliner et s'user en prières, présents et promesses, espérant probablement de la providence un prodige.
Finalement, après maintes dévotions, pèlerinages et offrandes, une ravissante poupée que l'on n'attendait plus, vint égayer de ses sourires et babillages le quotidien de ses parents réjouis. »
A ce moment précis, notre écrivain se souvint de son séjour au château d'Ussé. Il situa donc la scène dans une des salles de ce lieu magnifique où il avait lui-même participé à un banquet et continua de rédiger :

« Bientôt le baptême du bébé réunit dans le manoir décoré de tapisseries et de guirlandes de fleurs et de rubans, parmi l'assemblée des convives, toutes les fées du pays, au nombre de sept, pressées de lui faire un don, chacune à son tour, selon la tradition, conférant par ce geste à la petite princesse pléthore de perfections. »
Il nota alors la seule ombre au tableau de cette joyeuse journée, l'arrivée d'une intruse, décidée à perturber la cérémonie, une magicienne d'un autre âge que l'on croyait disparue et qui jeta un mauvais sort à la bambine.
« Icelle se piquera la main avec une aiguille et en mourra. Une autre enchanteresse, bienveillante celle-ci, brisa aussitôt le maléfice, commuant l'endormissement éternel en un sommeil seulement séculaire, ce qui était déjà bien long.
Le roi, alarmé, bouleversé, terrorisé tenta de protéger sa progéniture de ce désastreux destin en prenant une série d'édits inédits, interdisant à quiconque de l'approcher mais la méchante sorcière veillait...
La demoiselle, un jour d'imprudence, admirant l'ouvrage d'une vieille dame et voulant l'imiter, hélas se piqua le doigt ! La princesse perdit immédiatement connaissance.
Et la terrible tragédie de s'accomplir.
Toute activité dans la demeure fut incontinent suspendue. »
Le conteur se félicitait d'avoir choisi ce castel qui, flanqué de ses moult tourelles, clochetons, cheminées et flèches, arborait une allure féerique.
Un palais féodal idéal, comme l'aurait dessiné tout auteur un brin romantique...
Charles Perrault souriait, satisfait.
Il se représentait le gentilhomme, chevauchant son altier coursier, découvrant soudain cet endroit magique caché derrière des bosquets, des haies, des ronciers. Une vision mirifique !
Le cavalier, captivé, décida d'approcher malgré la végétation dense, impénétrable, infranchissable et, interloqué, vit les branches des immenses arbres se redresser, les lianes des buissons se dénouer, les herbes folles s'écarter pour lui livrer passage puis reprendre aussitôt leur place initiale.
Intrigué, il franchit timidement le seuil de la propriété.
Un silence de plomb pesait partout, jusque dans les moindres recoins de la bâtisse.
La mort semblait avoir jeté un voile de mystère sur toute la maisonnée. Des corps immobiles jonchaient le sol, mais le prince croyait pourtant déceler, grâce à de discrets indices, quelques signes de vie sur leurs traits figés.
Les coupes, renversées sur les tapis maculés de gouttes de vin séché, indiquaient que les gardes s'étaient endormis en plein festin.

Ses pas le conduisirent jusqu'à une chambre étincelante d'or. Sur un lit à baldaquin, il aperçut une belle inconnue assoupie. De son visage radieux émanait une lumière quasi divine. Le futur roi resta sans voix, tout en émoi. Il se jeta à ses pieds, éperdu. L'heure de la fin du sortilège ayant sonné, la mignonne sortit de sa léthargie. L'héritier du trône la contemplait, ému.
« Seriez-vous par hasard mon prince ? lui demanda-t-elle, impatiente de faire connaissance avec ce jeune homme de haute naissance chargé de la délivrer.
Le seigneur, touché par la question, brûlait du désir ardent de lui déclarer sa flamme. Son tendre aveu, teinté de maladresse, ne manqua pas de troubler la princesse, elle qui avait eu tout loisir de réfléchir à son avenir et aux paroles qu'elle prononcerait lorsqu'un charmant galant se pencherait au-dessus d'elle. Les tourtereaux discutaient à bâtons rompus. Au bout de quatre heures, ils n'avaient échangé que la moitié des confidences qu'ils espéraient partager. »
Charles Perrault, sceptique, médite. Quelle sera l'issue de ce récit ? Comment le dauphin va-t-il annoncer ses fiançailles à la régente, sa mère, une marâtre, une mégère... pire une ogresse qui n'a, dans son existence, qu'un seul souhait, sinistre... dévorer des enfants cuisinés à la sauce Robert ou rôtis comme des poulets ?

Château de Langeais

Un mariage très secret

On est le 5 décembre au soir… Les hôtes d'Anne et de Charles préparent fébrilement leurs effets pour la célébration des épousailles. Le lendemain à l'aube – heure où en cette saison la campagne blanchit et la Loire assoupie se blottit sous une écharpe de brume – ils assisteront aux noces de la duchesse de Bretagne et du roi de France, une union ô combien essentielle car la fiancée apportera dans sa corbeille de mariée son fameux duché tant envié. Une dot inestimable !

Mais les circonstances de ces réjouissances ont des résonances bien étranges.

« Il est minuit et nous ne savons toujours pas où se déroulera la réception ! » s'étonne un invité, indéniablement inquiet.

Afin d'éviter aux futurs époux de courir le moindre danger, les maîtres de cérémonie ont prévu que témoins et convives rejoindront promptement le théâtre des festivités à la première heure, la destination leur étant divulguée discrètement au dernier moment.

Il faut avouer que chacun des promis est déjà largement engagé dans un projet matrimonial, ce qui rend la situation délicate.

Finalement voilà le secret dévoilé : l'échange des consentements se fera en la forteresse de Langeais, bâtie sur les ruines du donjon érigé par Foulques Nerra.

L'aspect menaçant de murailles percées de rares fenêtres et de mâchicoulis ponctuant les chemins de ronde, la présence d'un pont-levis enjambant des douves, tout le rendait redoutable aux yeux d'éventuels ennemis.
Dès potron-minet, Anne de Bretagne et Charles VIII, suivis de leurs nombreux amis, pénètrent au sein de la salle d'apparat que des tapisseries protègent du froid humide et pénétrant.
Le soleil jette ses premiers feux par les étroits vitraux et dessine sur le sol des figures multicolores chatoyantes. Lances, écus et trophées de chasse veillent à la décoration des murs de pierre brute et coffres, crédences et candélabres minutieusement ouvragés confèrent une note conviviale à l'atmosphère solennelle de l'instant.
C'est ainsi qu'une frêle et fine gamine, digne descendante du duché de l'albe hermine, revêtue d'une robe de drap d'or garnie de zibeline, en ce 6 décembre 1491, prit en catimini pour mari sa majesté le roi des Français.

Château de Villandry

Un potager magique

En bordure du Cher, il est un fier château posé en belvédère, surplombant de splendides parterres.
Il admire à ses pieds neuf carrés composés de plates-bandes de légumes et de fleurs, bordés de buissons de buis, ponctués d'arbres fruitiers et de rosiers-tige, une abondance de plants renouvelés en permanence selon les mois de l'année, afin de décliner au fil des saisons des harmonies de couleurs : rouge, rose et orangé aux premières lueurs vernales, ciel et soleil sous les feux de l'été, cuivre et bronze sous la lumière automnale.
Une extraordinaire manière de faire valoir et savoir que l'utilitaire peut également être spectaculaire !
Dans ces massifs à destination des gourmets, tomates et fèves ont pour voisine anodine l'aubergine dont l'introduction dans la gastronomie française fut pourtant mouvementée.
Originaire des Indes lointaines, la belle et bonne corne violette arrive dans l'Hexagone au XVe siècle, après avoir gagné la Perse en longue caravane, traversé à dos de chameau l'Afrique du Nord, puis l'Andalousie en bâts d'âne. Quel chemin sous les chaleurs accablantes du bassin méditerranéen !

L'époque médiévale est souvent méfiante lorsqu'une plante inconnue fait son apparition. Celle-ci est donc examinée sous toutes les coutures. On lui découvre une analogie avec la mandragore qui lui vaut tous les ennuis. La voilà dans de beaux draps, ou plus exactement dans de beaux torchons.
Ne voilà-t-il pas qu'on la soupçonne de transmettre des maladies contagieuses, la lèpre et des crises de folie ou d'épilepsie, aux allures de malédiction.
Cependant, malgré sa mauvaise réputation, l'aubergine prête volontiers ses vertus thérapeutiques à la pharmacopée et entre dans la composition de cataplasmes contre les brûlures.
Par chance, et en dépit de sa livrée lie-de-vin et de sa silhouette replète et suspecte, le jardinier de Louis XIV, Jean-Baptiste de la Quintinie, la cultive dans le potager royal de Versailles. Elle commence alors une lente ascension vers la réhabilitation et... l'adulation sur les meilleures tables du royaume.
Au levant l'aubergine, coquine, fascine ainsi qu'en témoigne cette fable qui a pour cadre enchanteur le pays des Mille et Une Nuits.
Il était une fois une jeune fille qui possédait un talent phénoménal : une fée du logis qui cuisinait à la perfection ! Un religieux, fort gourmand, sitôt informé du fait, rend visite au père de la demoiselle. Il veut l'épouser mais exige toutefois une dot conséquente : douze énormes jarres remplies à ras bord de l'huile d'olive la plus fruitée, la plus pure, la plus dorée.
A l'issue de la cérémonie des noces, fastueuse, la nouvelle épousée, rusée, osée, se précipite sur ses bassines et découpe en fines rondelles des aubergines qu'elle met à tremper.

Onze jours plus tard, l'homme marri n'en croit pas ses yeux : « J'hallucine, je ne vois plus une goutte d'huile ! »
La dot a été intégralement absorbée par la chair assoiffée des légumes. On ignore si l'imam a succombé de dépit au constat affligeant de la perte de la rente matrimoniale – ou à l'ingestion d'une nourriture bien trop grasse. Ce qui est sûr, c'est qu'il fut trouvé bel et bien raide mort sur le pavé de la cuisine !
C'est pourquoi, paraît-il, on peut déguster, dans les petits restaurants orientaux, des aubergines frites au nom bizarre de *iman basilldi* qui signifie syncope du prêtre…
Bien d'autres locataires de ce jardin à vocation alimentaire font l'objet de récits légendaires. La mythologie romaine nous a relaté la colère de l'un des dieux de son panthéon, Jupiter, fou amoureux de Cynara, une fraîche beauté à la magnifique chevelure blond cendré.
Malheureusement, l'objet de ses pensées repoussa vivement ses avances. Pour assumer une vengeance impitoyable, Jupiter châtia l'impudente, l'imprudente, la transformant en… artichaut !
Quant aux choux, ils connurent une destinée moins brutale. En raison de leurs feuilles nombreuses et serrées, symboles de prospérité et de bonheur, ils sont devenus durant des générations les botaniques berceaux des bébés garçons.

Château d'Amboise

La chapelle de dentelle

Au château d'Amboise, il est une chapelle de belle dentelle ornée, aux sculptures taillées dans la craie de Touraine.
Anne de Bretagne aimait à se recueillir dans ce sanctuaire bâti selon le vœu du roi Charles VIII, son époux.
Cette merveille de l'art gothique flamboyant édifiée à la fin du xve siècle – que Léonard de Vinci se plaisait à contempler de sa fenêtre du clos Lucé et dont l'abside marque saillie à l'aplomb des remparts – surprend par sa situation spectaculaire, au faîte du rocher.
Cet oratoire est dédié à saint Hubert, fêté le 3 novembre avec grand apparat, comme en témoigne le linteau qui en couronne la porte d'entrée et représente le miracle de la conversion d'Hubert, en hommage à ce seigneur, fils de Bertrand d'Aquitaine et descendant de Clothaire et de Clovis.
Ce jeune homme qui vécut au temps des rois fainéants menait une existence mondaine, facile, insouciante.
Bénéficiant d'une santé robuste, il passait des journées entières à parcourir collines, vallées et clairières à traquer le moindre gibier.

On lui savait un engouement certes démesuré, dévorant mais désolant pour ce passe-temps. Pourtant on lui reconnaissait une certaine sagesse, le sens du devoir, une probité inégalée.
Un matin de Noël, alors qu'il s'adonnait sans compter à son loisir favori, Hubert eut soudain une vision prodigieuse. Là, tout près, à seulement quelques pas, se tenait devant lui un cerf dix cors d'une blancheur immaculée, d'une taille extraordinaire, d'une majesté exceptionnelle. Hubert ne se lassait pas de l'admirer.
Tout à coup, l'animal l'aperçut et prit la fuite. Notre cavalier se lança aussitôt sur ses traces.
La course effrénée dura longtemps mais le cervidé ne montrait aucun signe de fatigue.
« Hubert quant à lui commençait à ressentir quelques douleurs mais il était bien décidé à poursuivre sa proie jusqu'au bout.
Il allait presque rejoindre l'animal quand subitement celui-ci fit volte-face et s'arrêta net.
Alors le chasseur eut une vision éblouissante. Il distingua entre les cornes de cette bête immense, dans un rai de lumière, une image du Christ en croix.

A ce moment même tonna dans le ciel une voix lui enjoignant :
Hubert ! Quand cesseras-tu de pourchasser ainsi les animaux ? Jusqu'à quand ce terrible penchant t'empêchera-t-il de songer au salut de ton âme ? »
Le jeune homme, pétrifié d'effroi, jeta un genou à terre et s'exclama :
— Seigneur, que me faut-il faire pour te plaire ?
— Rends-toi auprès de Lambert, mon évêque à Maastricht. Repens-toi alors de tes péchés et suis son enseignement. Tu éviteras de la sorte d'être damné pour l'éternité !
Hubert acquiesça avec fougue.
— Seigneur, je vous obéirai et me montrerai digne de votre confiance !
Le jeune aristocrate tint sa promesse si bien qu'à la mort de Lambert, assassiné par des païens, il fut désigné comme son successeur.
Il menait désormais une existence édifiante, pratiquant la charité, l'humilité et l'hospitalité qui le menèrent vers la sainteté.

Château du Clos Lucé

Les dernières heures de Léonard

Harassé par ce voyage qui le mène de Rome à Amboise, mais enchanté de partir pour une nouvelle aventure, Léonard de Vinci presse le pas. Il lui faut franchir les Alpes avant l'hiver et son cortège de tempêtes de neige. Il ne veut pas compromettre l'acheminement du convoi de plusieurs mules transportant ses effets personnels et surtout... moult malles remplies à ras bord d'habits, de manuscrits, de croquis.

Trois tableaux, trois portraits, trois chefs-d'œuvre ont élu domicile dans de profondes sacoches de cuir battant les flancs des animaux bâtés. Le maître veille sur ses toiles de la Joconde, de Sainte Anne et Saint Jean-Baptiste.

Enfin, le voilà arrivé à quelques lieues de sa résidence. Il aperçoit la façade du manoir toute de briques roses et de pierre blanche jouant avec la lumière de ce ciel

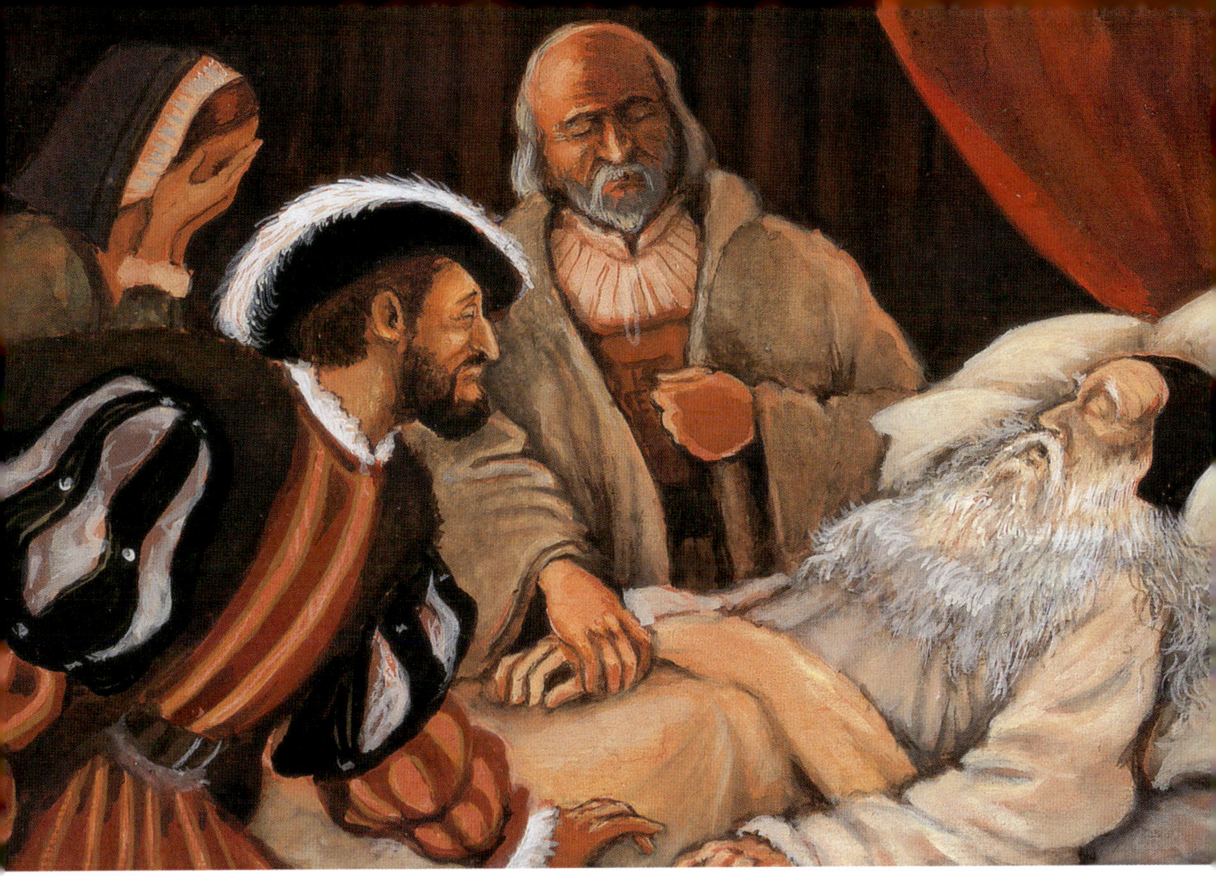

tourangeau qui lui rappelle sa chère terre toscane. Il est ému d'approcher la Loire, ce fleuve fougueux qui le fascine, placé sous la protection de saint Jacques.
François Ier s'empresse de l'accueillir avec effusion : « Tu es libre ici de rêver, de penser et de travailler. »
Une pension annuelle de 700 écus d'or lui est encore allouée.
Léonard pressent que dans cet endroit privilégié, sous le regard curieux et affectueux de ce souverain qui empruntera souvent ce souterrain secret incognito, reliant le château d'Amboise au clos Lucé à Cloux, il va pouvoir laisser libre cours à son imagination.
Le monarque souhaite ardemment lui confier d'exaltants projets, les plans d'un castel idéal et l'ordonnancement des fêtes royales.
François Ier aime à converser avec cet homme à la connaissance universelle, ce génie exemplaire, débonnaire et visionnaire dont les inventions et les intuitions sont légion.
Le pont tournant, la roue à aube et la vis d'Archimède exposés dans le parc en témoignent vivement.
Heureux, comblé, le savant italien remerciera son généreux mécène par un splendide spectacle spirituel, au soir du 17 juin 1518, dans un décor de voûte céleste reconstituée féerique, si illuminée qu'on aurait cru, précisent les chroniques du temps, « que la nuit fut chassée ».
La légende rapporte que l'artiste s'est éteint le deuxième jour du mois de mai de l'an suivant au clos Lucé, son ami François Ier à son chevet.

Château de Chenonceau

Le château des Dames

Ce château, remarquable à plus d'un titre, est un joyau de l'architecture Renaissance édifié dans le lit du Cher sur les piles d'une passerelle prélude d'abord métamorphosée en moulin fortifié avant de devenir ce site exceptionnel. C'est Catherine de Médicis qui fit édifier sur le pont de Diane deux galeries superposées, donnant ainsi au chastel son aspect actuel, conférant à cet espace de réception unique une touche de préciosité féminine rare. Ce n'est pas un hasard si cette résidence fut surnommée le château des dames car il doit à ses propriétaires successives sa singulière destinée. Ces gentes figures l'ont fondé, habité, restauré, aimé, protégé et par sage précaution préservé, par leur présence attentive, des conflits et hostilités belliqueuses, pour en faire un lieu de sérénité baigné par les eaux paisibles de la rivière.

Impossible quand on visite les salles, cabinets et vestibules de ce superbe bâtiment de ne pas sentir une ombre se glisser derrière une tapisserie, se faufiler dans un escalier, se cacher au creux de l'âtre d'une cheminée.
En quittant la chambre de Louise de Lorraine à l'atmosphère si étrange, comment ne pas imaginer le fantôme de cette reine pleurant son mari Henri III, sauvagement assassiné en 1589, et toujours toute de blanc vêtue, s'échapper de cette pièce aux lambris teintés d'ébène, au plafond et aux murs ornés de symboles funéraires, os de mort et tombeaux, larmes d'argent, couronnes d'épines et cordelières de deuil, venant de quitter son prie-Dieu tourné vers la fenêtre ? Comment ne pas reconnaître au détour d'une allée la silhouette de Diane de Poitiers, jeune et jolie veuve

du vieux maréchal de Brézé, duchesse de Valentinois, se promenant dans le jardin qu'elle a dessiné, respirant le parfum d'une rose, cueillant une grappe de raisin, admirant les parterres abondamment fleuris d'une terrasse ? Le promeneur se remémore alors le portrait de cette aristocrate en diane chasseresse, exposé dans la chambre de François Ier, et croit l'apercevoir près du quai de débarquement jouxtant les cuisines et qui permettait d'y acheminer directement les victuailles, encore appelé Bain de Diane en référence à la légende. Car la mythologie est partout... Et bienheureux le passant qui distinguera dans les brumes matinales d'une journée d'automne le spectre fameux d'une nymphe armée de son carquois et penchée sur le miroir de l'onde profonde !

Château de Montrésor

Le trésor du Lézard

Aux confins du Berry et de la Touraine, il est une pittoresque petite cité médiévale qui, belle sentinelle éternelle, veille, vigilante et valeureuse, sur la vallée de la Loire, aux portes de Loches.
Son nom, rare, radieux, ravissant, invite à rêvasser : Montrésor !
Et à se remémorer une jolie légende qui remonte à l'époque du roi Gontran, petit-fils de Clovis.
Alors que ce digne descendant de la dynastie des Mérovingiens chevauchait à travers la forêt, en compagnie de son fidèle écuyer, il décida de marquer une pause pour étancher sa soif et reprendre des forces.
Les deux cavaliers, vraiment épuisés, s'assoupirent au creux d'un rocher, bercés par le babillage d'un bavard ruisseau.
Tandis que le prince est plongé dans un profond sommeil, son serviteur est soudain sorti de ses songes par une sorte de bruit sec, entre cliquetis, crissement et craquement. Abandonnant là son doux rêve de princesse des merveilles, il soulève lentement une paupière et aperçoit un lézard sur le visage de Gontran. Celui-çi, réveillé par le frôlement du saurien miniature, interroge :
« Mais quel est donc l'importun qui me griffe ainsi l'oreille ? »

Aussitôt son valet l'informe de la vision étrange qu'il vient d'avoir et lui propose de trucider l'intrus. Le maître lui interdit de briser le cou à la bestiole.
Intrigué, il préfère suivre des yeux l'animal qui file et se faufile dans une anfractuosité de la rocaille. Le frétillant fuyard a furtivement disparu au fond d'une fissure. Puis quelques minutes plus tard, alors qu'il s'apprêtait à remonter en selle : « Messire, regardez, à votre droite ! Voyez ce coquin, son plastron est tout cuirassé d'or ! »
Instantanément, sans même avoir besoin de se concerter, ils entreprennent de dégager un passage à l'endroit exact où la bestiole venait de sortir des entrailles du coteau. Ils suivent alors un sinueux souterrain, véritable dédale, qui les mène jusqu'à une immense salle, et un fabuleux butin ruisselant de bijoux et de pièces précieuses.
Débordant de joie, le fils de Clotaire souhaite grâce à ce trésor faire édifier un château sur ce mont qui s'appellera désormais Montrésor.
Décidément l'Histoire a placé ce superbe site sauvage sous le signe de l'or car il abrite aujourd'hui et depuis des décennies de magnifiques pièces d'orfèvrerie ayant appartenu aux rois de Pologne.

Château de Chaumont-sur-Loire

Les astrologues de Catherine de Médicis

La légende rapporte que Catherine de Médicis se passionnait pour les sciences occultes. Devait elle à ses origines florentines, latines même, sa fascination pour les rites de prédication, que pratiquaient déjà les augures dans la Rome antique ?

Trois mots suffiraient à qualifier cette femme de caractère : domination, conspiration et divination.

Elle possédait semble-t-il un talent de seconde vue.

Dans ses rêves de pouvoir absolu, la petite duchesse – ainsi qu'on la surnommait à son arrivée en France – repensait à son passé, en Toscane, et au thème de sa naissance établi par Ruggieri le Vieux, illustre savant et médecin de Laurent de Médicis, son père, et par le fameux mathématicien Bazile.

Les deux astrologues avaient dressé un bien étrange, un bien troublant, un bien tragique horoscope centré sur le royal destin de l'enfant...

Elle devait épouser un souverain français, trois de ses fils monteraient sur le trône et deux de ses filles deviendraient elles aussi reines, mais tous s'éteindraient sans postérité.

C'est au château de Chaumont-sur-Loire que la souveraine se rend aujourd'hui dans l'antre de l'astrologue Cosme Ruggieri. Elle a attendu patiemment cette nuit de pleine lune pour rejoindre le cabinet perché dans une tour dominant la Loire.

Alors qu'un feu sorti tout droit des profondeurs de l'enfer flambe dans la cheminée, Catherine découvre avec surprise des lettres hébraïques dessinées au sang de pigeon sur les murs de cette pièce encombrée de cornues, de cuves et de creusets, au milieu desquels trône un gigantesque alambic.

Partout sont dispersés des grimoires, des cartes, des parchemins, plus énigmatiques les uns que les autres pour le commun des

mortels, mais la reine initiée à ces secrets, reconnaissait au passage certains symboles. Sur le sol, l'astrologue avait tracé un cercle représentant le zodiaque accompagné d'une forêt de signes cabalistiques.
Puis il avait achevé son rituel de préparation de divination par la disposition d'un crâne humain, d'un tibia, d'une lanterne et d'un chat en état de catalepsie, un véritable arsenal de magicien posé aux quatre points cardinaux.
Maintenant il installe sa vénéneuse visiteuse dans un fauteuil faisant face à un énorme miroir magique qui va lui dévoiler bien des surprises !
Des formes floutées, les figures de ses enfants, se reflétèrent successivement dans la glace. D'abord François dont l'image se précise, puis s'évanouit, abandonnant le miroir afin de tourner sur les parois de la salle blanchies à la chaux et de retourner à leur point d'apparition.
Le même phénomène se reproduit pour le visage de Charles, son second fils. Enfin Henri, le troisième...
La Florentine se recroqueville sur son siège. D'une voix blanche, elle interroge le devin :
« Que signifient ces mouvements, ces rotations pareils à ceux des astres ?
— Ils correspondent aux années de règne qu'exerceront vos descendants, maîtresse. »
Ce ne sont encore que des gamins mais ils arborent déjà allégrement les attributs de la royauté.
La reine est angoissée par ces visions qu'elle pressent négatives. Elle est ébranlée car sa progéniture lui apparaît soudain en grand danger.
— Et François, le petit dernier... le duc d'Alençon ? Est-ce son portrait ?
Elle ne le reconnaît pas. Ce nez, ces mains appartiennent à une autre famille. L'homme porte un chapeau orné d'un panache blanc qui se métamorphose progressivement en couronne.

— Ciel, ce n'est pas possible ! Quelle malédiction plane donc sur ma lignée ? s'écrie-t-elle en comprenant que François sera écarté du pouvoir. Va-t-il mourir en pleine jeunesse ? La dynastie des Valois s'éteindra-t-elle pour toujours ?
Quand elle apprit qu'Henri IV exercerait le pouvoir vingt-deux ans durant et succéderait au dernier des Valois assassiné, elle fut saisie de stupeur, d'horreur, de fureur. Elle voua dès lors une haine féroce au Béarnais.
Superstitieuse, elle aimait à s'entourer de devins bien qu'elle possédât elle-même des dons divinatoires. La veille du tournoi où Henri II fut mortellement blessé, Catherine vit en songe l'adversaire de son époux lui asséner le coup fatal, sa lance se briser, et le malheureux, la tempe ensanglantée, expirer...
C'est également au cours d'un rêve prémonitoire qu'elle visualisait la disparition de Condé décédé en mars 1569.
Dans le château de Chaumont, de l'atelier du sorcier, ils scrutaient ensemble le ciel pour discerner dans la position des constellations quelques révélations sur le futur, le sien, celui de se proches ou de ses héritiers.
Hantée par les prophéties de Nostradamus, la régente voulut s'attacher les services du mage de Salon, en sus des travaux astrologiques de Ruggieri et de Luc Gauric, célèbre aussi en Italie pour ses avis.
C'est pourquoi, lors d'un voyage à travers la France, elle rendit visite le 17 octobre 1564 à son conseiller et médecin dans son cabinet provençal.
— Cher mage, me confirmez-vous les prédictions données par le miroir de Chaumont ?
— Comme vous Majesté, j'ai assisté à cette séance et j'ai pu y lire les messages de Ruggieri. L'erreur n'est guère envisageable.

Cependant pour m'en assurer, je vous propose d'ausculter le prince Henri demain.
Le lendemain, Nostradamus examina le tout jeune héritier.
— Je peux vous certifier que le miroir n'a pas menti, Majesté !
La pauvre femme plongea dans l'affliction la plus totale à la confirmation de toutes ces prédictions catastrophiques.
Lorsqu'elle avait interrogé le mage sur sa propre disparition, il l'avait prévenue : « Vous serez près de Saint-Germain. » Ce qu'elle

avait immédiatement interprété comme une injonction à se défier de ce lieu. Craignant de se voir emprisonnée, violentée ou trucidée au fond du château de Saint-Germain, elle n'en avait plus jamais franchi le seuil. C'est aussi la raison pour laquelle elle avait déserté ses appartements du Louvre, sis près de l'église Saint-Germain-l'Auxerrois, craignant jusqu'à la proximité d'une paroisse portant ce vocable.
La tradition rapporte que, quelques jours après le meurtre du duc de Guise à Blois, affreusement souffrante, Catherine de Médicis exprima le désir d'être assistée par un prêtre. On lui manda promptement un religieux qui l'entendit en confession et lui donna l'absolution.
Quand rassérénée elle voulut remercier celui qui l'avait assistée, elle demanda à connaître son nom.
Lorsqu'elle apprit qu'il s'appelait Julien de Saint-Germain, elle se remémora les paroles de Ruggieri, frémit et murmura : « Je suis perdue… »

Château de Cheverny
un merveilleux modèle pour Moulinsart

Décidément, le charmant château de Cheverny semble avoir été placé depuis ses origines sous le signe de l'épopée ! Par son histoire d'abord…
Dans la bâtisse alors fortifiée, Henri Hurault, serviteur zélé d'Henri IV et gouverneur de Blois, d'un caractère ombrageux et jaloux, cloîtrait sa jeune et jolie épouse.
Passant le plus clair de son temps à la surveiller, il la surprit un beau jour en flagrant délit de trahison et sans surseoir supprima son rival d'un coup de dague vengeur.
En outre, le mari outragé se débarrassa de son indigne moitié en une heure, lui laissant le choix, pour réparer l'affront, entre le poignard et le poison : poignant dilemme ! Qui suscita l'ire du roi Henri.
Puis par son décor. Les motifs mythologiques prolifèrent sur les poutres et les parois du château, illustrant par le détail les péripéties d'Ulysse ou de don Quichotte, héros sympathiques et emblématiques de la littérature classique.
Enfin récemment par sa représentation en bande-dessinée due à un artiste contemporain éminemment célèbre. On raconte que Hergé, en vacance dans la

région, se promena sur la route menant de Contres à Cheverny.
De cette ancienne allée d'honneur de la demeure, il découvrit avec bonheur une vue privilégiée sur la façade centrale exclusivement, les pavillons d'angle restant dissimulés par les imposantes frondaisons des arbres voisins.
Il fut aussitôt sidéré par la beauté éclatante de ce site à la silhouette élégante, d'une symétrie rigoureuse et séduit par ce sémillant spectacle.
Le créateur de Tintin choisit ce château chic et étincelant sous le soleil pour cadre des aventures de ses personnages. Et d'en faire bien davantage qu'un décor pour la Castafiore, le berceau des ancêtres du capitaine Haddock, mille sabords de mille sabords !

Château de Blois

Le lys et le porc-épic

Depuis la plus haute antiquité, le lys est vénéré pour l'élégance de ses pétales, aux nuances délicates et… sa fragrance.
Il a de ce fait inspiré maints artistes et accompagné les dieux dans leur quotidien.
La mythologie relate qu'Héraklès, fils de Zeus et d'une mortelle, Alcmène, fut glissé par son père auprès d'Héra, son épouse, pour accéder à l'immortalité, et qu'il présida à la naissance de cette corolle symbole de pureté de bien involontaire manière.

Alors que le nourrisson tétait un peu trop goulûment le sein de la déesse, deux gouttes de lait s'échappèrent de ses lèvres et éclaboussèrent l'une le ciel où elle créa la Voie lactée et l'autre tomba sur la Terre et se métamorphosa en cette fleur immaculée unanimement admirée.
La légende relate que dans le nord de la France coule une paisible rivière. Sur ses rives rieuses, sitôt les premières chaleurs printanières, s'épanouissaient de magnifiques iris jaunes. Si beaux qu'on venait les contempler de très loin.
Certains affirment que les rois francs séduits par la beauté, la pureté, la majesté de cette fleur des bords de la Lys l'auraient alors choisie comme emblème. D'autres prétendent que cette plante racée et parfumée doit son appellation au monarque Louis VII qui, l'ayant adoptée pour symbole, lui aurait également légué son nom devenu lys au fil du temps.

La fleur royale orne maintes salles du château de Blois, au côté d'autres blasons, tel le plus célèbre d'entre eux, le porc-épic, représentant la maison d'Orléans.
L'animal retenu par Louis XII pour sa capacité légendaire à projeter ses piquants à distance – qui s'y frotte s'y pique ! dit la devise doctement – se présente coiffé d'une couronne sur un panneau sculpté de la tour d'escalier éponyme.

Château de Chambord
La chasse fantastique

L'édifice, démesuré, délirant, dénommé « château des rois et roi des châteaux », a fasciné des générations de visiteurs par sa munificence, son originalité, son mystère… Ce dernier plane toujours sur l'identité de son dessinateur, de son concepteur, de son ingénieur, ingénieux inventeur d'un escalier malin, malicieux, magistral, chef-d'œuvre de la Renaissance française. En effet, cet escalier à double hélice, exceptionnel de grâce et d'ingéniosité, qui permet à deux personnes de monter et de descendre simultanément sans se croiser, donna naissance à bien des légendes et fantaisies…
Les plans du bâtiment furent peut-être dessinés par Léonard de Vinci qui travaillait notamment avec acharnement sur une cité idéale pour Romorantin et pour son maître, ou seraient issus de l'imaginaire du souverain commanditaire soi-même !

François Ier était-il le véritable architecte de cette prouesse technique, urbanistique et esthétique. En tous les cas, une chose est sûre, il souhaita éblouir ses invités et Charles Quint put admirer à loisir, lors de son séjour ligérien en décembre 1539, nombre de splendeurs.

Pas moins de 440 pièces, 83 escaliers, 365 fenêtres et cheminées, 800 chapiteaux, un vrai record...

Sous prétexte de participer à la traque d'un puissant cerf, l'empereur d'Allemagne fut entraîné par son hôte dans une clairière qui portait vue sur la silhouette de ce superbe palais de conte de fées nimbé de brume.

Il était bel et bien dans l'intention du vainqueur de Marignan d'arracher des cris d'admiration à son convive qui en resta bouche bée.

Encore ne savait-il pas que ce lieu humide, sis entre chênaie et marais, contraignit les bâtisseurs à l'utilisation de pilotis et mille autres subterfuges pour réaliser une telle merveille.

Pourquoi François Ier, à son retour d'Italie en 1519, jeta-t-il son dévolu sur l'emplacement d'un modeste manoir des comtes de Blois, réputé hanté par un chasseur noir maléfique ?

Pour élever une demeure à caractère exceptionnel qui demeura inachevée à sa mort, presque trois décennies plus tard et dans laquelle il avait séjourné une quarantaine de jours tout au plus !

Les veillées d'hiver, les anciens du coin racontent aux oreilles curieuses que certaines nuits d'orages, au rythme régulier du cycle des saisons, quand la nature est bousculée par des bourrasques furibondes, bouleversée par le vent, la pluie, le tonnerre,

un corpulent cortège de captifs corrompus, tristes sires entraînés et enchaînés pour l'éternité par le démon, fait un charivari infernal.
« Oyez bonnes gens ces bruits de poursuite diabolique ! tonne une voix grave déchirant le ciel et dont l'écho résonne de loin en loin. Voyez ces fantômes sombres... »
Ces jours-là chacun distingue alors une troupe furieuse s'élançant au triple galop, traversant tantôt les fourrés, tantôt les nuées. C'est la chasse du comte Thibaut et sa suite qui passe ! Cette cavalcade fantastique de réprouvés, chevauchant leur monture à une allure de démesure, dessine une ribambelle rebelle, aux hurlements stridents, accompagnée d'une meute de chiens hurlant, dont on entend les dents grincer, dont on aperçoit les yeux briller, la gueule baver.
« Qui c'est ? demande un enfant tremblotant, terrorisé, le teint livide.
— Thibaut le Tricheur, répond l'aïeul, on l'a surnommé ainsi car ce seigneur qui vivait au Moyen Age était cruel, menteur, ambitieux et employait des ruses abominables pour réussir à agrandir ses Etats de manière illégale, sauvage...
— Mais alors c'est son fantôme qui nous réveille ?
— Oui, ce chasseur impénitent s'est égaré la veille de Noël 977... il avait perdu son âme à cause de ses crimes, alors... comprends-tu, il est condamné à errer, punition perpétuelle pour ses péchés ! »
Peu à peu le calme revient et le spectacle des spectres s'efface pour faire place à une vision magique, celle du château majestueux aux terrasses et toitures hérissées de statues gracieuses, de tourelles coquettes et... d'animaux fabuleux.

Château de Sully-sur-Loire

Le trésor de Sully

Édifiée à la fin du XIVe siècle au confluent de la Loire et de la Sange, d'après les plans de Raymond du Temple, architecte du Louvre, la demeure de Maximilien de Béthune, dignement drapée dans ses douves larges et profondes, est un superbe exemple de forteresse médiévale. Lorsqu'il l'acquiert, le duc de Sully aménage la bâtisse d'origine, l'agrandit, l'adapte à son goût.

Il crée un magnifique parc d'agrément et renforce les digues pour se protéger des crues catastrophiques du capricieux fleuve sauvage.

La dernière propriétaire privée du palais, Mahaut de Béthune, convaincue que le Grand Sully avait amassé une fortune considérable au cours de sa longue carrière auprès d'Henri IV, et que ce magot devait selon toute vraisemblance être caché dans l'enceinte du château, entreprit une chasse au trésor des plus pittoresques, des plus gigantesques, des plus rocambolesques. Mais elle n'a jamais entendu parler du moindre indice qui lui permettrait d'orienter ses recherches. Qu'à cela ne tienne ! A cœur vaillant rien d'impossible ! Et voilà la décision prise, irrévocable.

Madame amorce une véritable campagne de fouilles. Les cours extérieures sont toutes affaires cessantes transformées en

chantiers, en ateliers, où l'on procède à des sondages, des carottages. Malgré des efforts importants, imposants, rien… toujours rien. L'initiative reste négative, improductive. Pourtant, Mahaut de Béthune n'est pas de nature à renoncer devant le premier obstacle venu. Elle ne peut supporter de rentrer le soir bredouille. Comme elle n'entend pas baisser les bras, elle s'attaque donc aux espaces intérieurs car il n'est pas question d'abandonner une si belle occasion de devenir riche.

Un mur qui sonne creux ! et aussitôt l'émotion est à son comble. La fièvre fouilleuse et farfouilleuse gagne toute l'équipe. Un coup de pelle suspect suspend la respiration de ce petit monde vaillant ains impatient.
Bientôt les appartements sont sens dessus dessous. Chaque tapis, chaque tenture, chaque tableau est soulevé, soupesé, soupçonné… Petit à petit, plafonds, parquets, parois sont percés, défoncés, éventrés.
Les pièces sont semblables à de gigantesques trousses à outils vomissant clous, tenailles, marteaux et autres instruments de torture pour ces sols et cloisons charcutés à vif.
L'entreprise coûte cher. Les tentatives, même si elles se révèlent désespérément infructueuses, ruinent peu à peu la chercheuse d'or. Elle est obligée dans un premier temps de se séparer du mobilier. Puis du bâtiment également.
Commence alors une longue période de négociations.
On se souvient que le chanteur Charles Trénet, de retour d'un concert en Algérie, fatigué, s'endort dans l'avion qui le ramène en France. Il fait alors un rêve étrange.
La cachette où le célèbre ministre aurait dissimulé toutes ses richesses lui apparaît distinctement et il n'a de cesse dès lors de vouloir acheter le château. Sitôt son arrivée, il contacte la mairie du lieu. Fait une offre, propose de partager la précieuse découverte avec les autorités et les autochtones. Le projet ne verra jamais le jour. Le trésor non plus…
Même si, dit-on, le bon roi ne s'est jamais rendu sur son beau cheval blanc chez son ami Sully pour déguster la poule au pot dominicale, l'endroit n'en conserve pas moins deux autres trésors et non des moindres.
Il peut se targuer en effet de détenir en son sein deux pures merveilles, d'une part, la charpente en berceau brisé du donjon, prouesse technique, esthétique et symbolique et, d'autre part, la tenture monumentale retraçant la légende de Psyché, brodée de fil d'or et d'argent, somptueuse !